이서인 시집

지금 너를 마중 나간다

도서출판

시인의 말

《마중》은 '마음이 가는 중'이랍니다.
　눈보다 발보다 먼저 그 사람을 보고 싶은 마음이 가고 있기 때문이겠지요.

　어머니가 하늘의 별이 된 지 어느덧 일곱 해.
　인생의 절반을 군인으로 살며 전국을 떠돌아다니던 내가 모처럼 휴가를 얻어 집에 간다고 하면 항상 집 어귀에서 버선발로 마중해 주셨습니다. 말로도 글로도 전하지 못한 또 다른 사랑의 표현이었지요. 지금도 어머니가 마지막 생을 사셨던 고향 집에 갈 때면 활짝 핀 수국 옆에 있는 벤치에서 나를 마중해 주실 것만 같아 발걸음을 재촉하게 됩니다.

　《마중》은 너를 맞이하기 위해 내가 먼저 가서 기다리는 적극적인 행동의 표시입니다.
　자연을 마중하러 나가야 두 눈으로 아름다운 풍광을 만날 수 있고 사랑하는 사람도 내가 먼저 마중하여 손을 잡아줄 때 인연으로 맺어질 수 있습니다. 고향과 가족을 향한 마중은 정으로 더욱 따스해집니다. 나라를 위해서는 그야말로 혼신의 힘을 다해 마중해야 합니다.

이제 그곳에서 펼쳐졌던 희로애락을 한 권의 시집에 담아 치열했던 인생 1막을 정리해봅니다. 가족에게는 효도와 우애를 다하지 못한 아쉬움과 미흡한 엄마로서의 미안함을, 함께 나이 들어가는 동창들과 고향을 향한 그리움을, 군연(軍緣)을 통해 만난 선후배에게는 고마운 마음을 시를 통해 전해 봅니다.

첫 시집을 출간하기까지 시를 접할 수 있도록 인도해 준 우보환 선배님과 거친 시를 의미 있게 해설해 주신 김송배 시인님께 감사드립니다. 고향에 대한 염원을 아름다운 그림으로 표현하여 시집을 빛내준 최원숙 동창과 문학을 사랑하는 계간『시마을문예』, 종합문예지『시와창작』,『화랑대문학』 동인들에게 정감 어린 마음을 전합니다.

이제 인생 2막을 천천히 걸어가며 그 길에서 만나는 이들을 조금 더 따뜻한 눈길과 손길로《마중》하고 싶습니다.

2021년 봄날에

차례   시인의 말 2

1부 자연마중

봄 마중 14
봄 이야기 15
봄비 16
목련 툭 터진 날 17
라일락 향기 맡으며 18
산수유 너는 20
꽃비 21
꽃샘바람이 불고 있다 22
오월의 노래 24
미세먼지 26
폭염 27
폭우 28
태풍의 눈 30
불꽃놀이 31

능소화 32
능소화 2 33
열대야 34
가을이 오면 35
가을에 부침 36
밤비 37
가을에 물들다 38
비자림을 걸으며 40
낙조 41
바람 불어 좋은 날 42
첫눈 44
첫눈 2 45
겨울 바다를 품다 46
철없는 계절 47
눈 내린 날에 48

2부 인연마중

사랑이라 부른다 52

동행 53

사랑한다는 것 54

별을 낚는 사람 56

상처보다 깊은 사랑 58

변명 60

해후 62

아프다 아프다 64

인연 65

인연 2 66

감기 68

불면 해소하기 70

때가 되면 71

앞집 지기의 부재 72

모닝 커피 74

카페에서 75

커피 중독 76

바람이 분다 78

클림트 빛으로 물들다 79

숨비소리 80

시인의 마을 82

또 다른 하루 83

천형(天刑) 시로 남다 84

천국과 연옥 86

지구별 나라 인연 87

묵언 수행 88

잠시 멈춤 90

이사 날 92

사노라면 93

3부 고향마중

개나리꽃 피는 마을 96

엄마 생각 97

경춘선 열차 안에서 98

봄내 골 겨울 이야기 100

가족 사진 102

마중 104

소천 106

울 엄마와 밥 먹고 싶다 107

빈자리 108

엄마 손맛 110

그때로 돌아간다면 112

아이야 113

다리 하나의 변(辨) 114

아들의 등 116
아들의 방 117
그리움 118
그리움 2 119
희 로 애 락 120
늦은 후회 122
고향 친구 124

4부 나라마중

1999 - 2000 128
옛날옛날 고릿적에 130
군복을 입으며 132
삼월이다 134
행군 136
비상(非常) 138
현충원에서 140
노병의 경례 142
유월의 장미 144
3월의 노래 146
남산 소나무의 울음 147
다시 부르는 천안함이여 148
할 수 있다 150
동주를 마중 나가다 151
DMZ 노루의 꿈 152

모스크바 생각 뒤집기 154
상트페테르부르크를 품다 156
경의선숲길에 서서 158
군복을 벗으며 160
만 원의 행복 161
뻐꾸기 시계 162
시간 밥 164

노래가 있는 시

잠시멈춤 167
마중 168
한 걸음 또 한 걸음 170
봄밤 172

해설 '마중'의 현장에서 탐색한 서정적 자아 174

1부
자연마중

오늘은 라일락 향기
두 손에 가득 담아
그대에게 뛰어 가야겠다

염원(최원숙 작가), 캔버스 위에 자개.아크릴

봄 마중

봄의 길목 서성이는 경의선숲길
팝콘처럼 터질 그날 기다리며
목련 볼살 살짝 부풀어 올랐다

밤새 내린 봄비에
노란 우산 활짝 펼친 영춘화
제일 먼저 봄 마중 나섰다

애처로운 마지막 몸짓인가
단풍나무 마른 잎새가 달랑달랑
밑동에 낀 초록 이끼는 꿈틀꿈틀

이 비 그치면
겨우내 움츠렸던 내 사랑도
봄 햇살 가득 담고
두 손 벌려
그대를 마중하리

봄 이야기

봄은 매화로부터 시작하여
벚꽃 엔딩이라고 했다

하지만 올봄
목련과 개나리 지기도 전에
벚꽃이 기다림 참지 못해
손 번쩍 들고 툭툭 꽃잎 열었다

세상은 지금 노랑과 하양
그리고 분홍이 어우러진 축제

가끔 꽃샘바람
꽃망울 사이 휘저으며
낙화를 재촉하지만

상처 입은 꽃잎마저
마지막 순간까지
허리 꼿꼿이 세우고
안간힘 쓰고 있는
지금은 봄봄

봄비

봄비가 톡톡
유리창을 두드린다
메마른 겨울 잎 떨구며
새순에 생명 불어넣는다

그리움이 톡톡
내 어깨를 두드린다
돌아보면 아무도 없고
빗줄기만 하릴없이 대지를 적신다

봄비가 톡톡
내 마음을 두드린다
설렘과 함께 여기 와 있다고
귓가에 속삭인다

이 비 그치면
헐렁헐렁 거리로 나서
겨우내 침잠하던 영혼에
새 숨을 불어넣으리

목련 툭 터진 날

어제는 겨울이더니
오늘은 봄
경계선 무너뜨린 건
이른 새벽 툭 터진 목련

메마른 나뭇가지
슬금슬금 물오르다
눈 깜박 하룻밤 새
하얀 세상 열었다

고고한 열망
천 일 꽃 피울 꿈꾸었으나
봄비 내리면
낙화로 뚝 떨어져
여린 잎 피워낼 목련이여

봄의 전령사로 살포시 다가와
사정없이 내 마음 흔들어 놓고
미련 없이 돌아선
너를 애달파하며
봄날은 간다

라일락 향기 맡으며

라일락이 피기 시작했다
보랏빛 송이송이 무리 지어 있길래
얼른 코끝을 대 보았지만
아무런 향기도 나지 않았다

그렇게 일주일
그 길 다시 걷는데
코끝을 간지럽히는 향긋한 꽃향기
가까이 가보니 그제 보았던
라일락이다

가보지 않았으면 알지 못했을
라일락 꽃향기를 들이마신다
사랑 너도 그렇다
설익은 감정으로 두드려보아도
열리지 않는 그대 마음

오늘은 라일락 향기
두 손에 가득 담아
그대에게 뛰어 가야겠다
추운 겨울이 지나갔다고
이제 따스한 봄날이라고

봄 내음이 바람에 실려
경의선숲길에 퍼지고 있다
이제 코끝을 들이대지 않아도
넘실대는 봄을 따라
내 마음도 흔들리고 있다

산수유 너는

겨울이 미련 한 자락 남긴
스산한 공원 귀퉁이
산수유 너는
노오란 꽃잎 머금고
홀로 수줍게 펼쳐 섰다

버석거리는 낙엽 소리
그 속에서 움트는 새싹 소리
수군수군대는데
산수유 너는
불쑥 고개 내밀어
봄이로세 한다

종종거리는 햇병아리처럼
오늘은 서툴고 어려도
꽃샘바람 온몸으로 이겨내면
겨드랑이 솜털 떨치고
횃대 위로 훌쩍 날아오르것다

꽃비

비바람 휘몰아친 자리
수국 꽃잎
비가 되어 내렸다

뜨거운 지열로
송이송이 탐스럽게 피어올라
희망 부풀게 하더니

찬바람 맞고 떨어진 꽃잎
알알이 튀밥 되었다

어지러운 세상 따라
내 마음속에도
타박타박 꽃비가 내린다

꽃샘바람이 불고 있다

목련이 툭툭
개나리 꽃잎이 후두둑
벚꽃도 저마다 날개 달고
홀연히 낙하하고 있다

유난히도 추웠던 겨울이
느리게 뒷걸음질하고
조바심으로 기다렸던 봄인데
한 번씩 부는 꽃샘바람은
내 맘속 깊은 곳까지 헤집어
겨우 아문 상처를 덧나게 한다

하지만 봄아
세찬 비바람 잦아드는 날
떨어진 꽃잎 자리에
스멀스멀 초록의 잎이 돋아나듯
맘속 상처에도 딱정이가 앉아
돌아보면 흔적만이 남을 테지

꽃샘바람이 한 바퀴
휘돌고 간 자리엔

생채기 난 꽃들이 아픔을
추스르고 있다

아지랑이 피는 봄 길 따라
언젠간 다 지나가리니
오늘은 그만 아파하게나

오월의 노래

꽃샘바람이 물러간 자리
코발트빛 하늘 캔버스는
하얀 구름 물감을
군데군데 널어놓고
살랑이는 바람 따라
여기저기 수채화를
그려 놓았다

행여 바람 들까
설핏 여며 놓은 창문 사이로
한 줌 햇살 틈을 비집고 들어와
따스한 온기를 방 안 가득 채우고

코끝을 스치는 후박꽃 향기는
깊은 들숨을 타고
내 가슴 속으로 들어와
오월이 예 와 있다고 속삭인다

오월은
길을 걸으며
햇살을 품으며
봄비를 맞으며

아련한 그리움의 노래를
흥얼거리고 싶은
그런 달이다

미세먼지

목표를 잃어 버렸다
나의 영혼을 열어주는 그곳
오늘 아침 모든 사물이
안개에 둘러싸인듯 침잠해 있다

뉴스에서 경고하는
미세먼지 수치보다
창밖 북한산 자락이 숨어버리면
가슴이 덜컥 내려앉는다

청각은 동물들의 촉감
시각이 발달한 인간은
보이는 대로 믿는다
검은 마스크 낀 사람들이
거리를 바삐 오간다

내가 피해 간 미세먼지는
어디로 간 것일까
내일은 잃어버린 이정표가
다시 나타나기를 기다리며
긴 한숨 내쉰다

폭염

그저 덥다는 말만으로는
턱없이 부족한 한여름 폭염
하악하악 숨소리만이
공간을 가득 메웠다

모래 한가득 등짐 진
건설 현장 노동자
잔뜩 달아오른 철로 위
선반 감독관

얼굴 미간과 등골 사이
맺힌 땀방울
폭포수처럼 흘러내리는데

올 가을 다가올
자식 놈 등록금 생각하며
작업모 한 번 추스르고
하악하악 숨 고르며
뚜벅뚜벅 발걸음 내딛는다

폭우

마을 지키던 둑이 터졌다
폭포수 같은 물살
앞마당 널어놓은 빨간 고추와 함께
온 동네 휘돌며 삶을 휩쓸어 갔다
뒷마당 장독대 깨지는 소리가
요란하다

성난 물길 온 마을 헤집어
옥수수밭 뒤엎고
벼 포기 송두리째 뽑아내고
살림살이마저 거친 물살에 싣고
둥둥 떠내려갔다

아들 등록금 돼줄 누렁소
딸 혼수감 마련할 까망 돼지
흙탕물 뒤섞여 떠내려갔다
어미 소 어린 새끼 바라보며
히잉히잉 슬픈 울음 토해 낸다

수마가 할퀴고 간 집터
홀로 남은 멍멍이 울음에
할머니 주름 움푹 패어만 간다

폭우는 폭군처럼 세상을 지배한다
바라보는 내 마음도
온통 진흙 밭이다

태풍의 눈

성난 물살 대지를 할퀴면
바위 굴러 우당탕탕
담장이 허물어졌다

외돌개 바람 휘몰아치면
삼백 년 백송도 우지끈
큰 가지 하나 잃었다

여름 내 단물 오른 복숭아
바람 빠진 풍선처럼 널부러지고
농부의 마음도 무너져 내렸다

거부할 수 없는
인생의 소용돌이 몰아치면
태풍의 눈으로 들어가라

그곳은 고요와 침묵
어디로 가야 할지 길을 잃었을 때
가만히 나를 들여다보자

태풍 같은 열병 지나간 자리
깊은 상처 흔적 남지만
세월의 굳은살 되어
내 삶을 지킨다

불꽃놀이

하얀 포말 부서지는 폭포수
알알이 흩어지는 팝콘처럼
축포 소리에 놀란 불꽃은
펄쩍 뛰어올라
까만 밤하늘
마법의 빛깔로 물들인다

여린 불꽃 하나
연실을 풀어 놓은 듯
하늘로 솟구쳐
별을 이고
달을 품고
아이의 까만 눈 속으로
풀쩍 뛰어들었다

능소화

주홍 꽃 송이송이
하늘 위로 올랐다

뜨거운 햇살 아래
속살까지 빨갛게 익어버린
능소화

자박자박 발걸음으로
임 오시면
새악시 붉은 연지 찍고
마중하러 나갈까

마음은 달쳐서
숯검댕이 되는 밤

긴 여름밤을
하얗게 지새우고
담장 아래로
툭 떨어진
정념(情炎)의 꽃이여

능소화 2

팔월 따가운 햇살 아래
능소화
빨갛게 상기된 얼굴

휘영청 늘어진
꽃 무리 바라보며
긴 한숨 토해 낸다

높다란 담장 너머
행복한 웃음소리 귓가에 맴도는데
그리움 마디마디 서리어
하늘 향해 손 흔들고 있구나

뜨거운 태양은
대청마루 끝에 떨어져
하릴없이 또 하루를 밀어내고

한 뼘 자란 키만큼
능소화
짙푸른 서러움도 깊어진다

열대야

도로에 아지랑이
온종일 피어오른다
요란스러운 꽃무늬 양산 받치고
시커먼 선글라스로 태양을 가려도
온몸이 후끈 달아오른다

하루 종일 달아오른
도시의 후덥한 공기
달이 떠도 사그라들지 않는다
깊은 밤 벌떡 일어나
냉수를 벌컥벌컥 들이켠다

가슴에 불이 활활 타오른다
첫사랑 뜨거운 마음이 이러했을까
세월이 약이라던 이별의 상처처럼
가을아
네가 성큼 다가와야 하겠다

가을이 오면

여름내 으악스럽게 울어대더니
어느새 매미 소리
자취 감췄다

뜨거운 바람 뿜어 대던 대지도
폭풍우 지나간 길목마다
시나브로 식어간다

인생 희로애락 순환되듯이
자연의 순리도
때를 기다리는 것
여름내 마음속 뒤끓던 욕망도
심연으로 가라앉는다

열정이라 믿었던 미련도
사랑이라 여겼던 집착도
서늘한 바람에 실어 보내리

이름도 어여쁜 가을이 오면

가을에 부침

강아지풀 끝자락
흘깃 스쳐 가는 바람 소리에
발뒤꿈치 꼿꼿 들고
설운 임 기다리는
가을

쑥부쟁이 보라 꽃잎 위
투명하게 맺힌 이슬방울
뜨거웠던 여름 흔적으로
알알이 맺혀 있네

초록의 잎은
가슴 시린 추억의 빛으로
색색이 물들고

갈대밭 강바람 휘휘 돌 때
여름내 달떠있던
그리움도 날려 보낼까

밤비

후드득 세찬 빗줄기
유리창을 두드린다

별도 달도 몸을 숨긴
캄캄한 밤하늘
빗소리만 쨍하니
귓가를 두드린다

마음에 새긴 이름 하나
유리창에 그려놓고
호호 숨결 불어넣으니
서릿발처럼 가슴이 선득

굵어져 가는 밤비 소리
임 발자국 묻힐까
애만 태우는데

활짝 열어젖힌 창문 밖
거친 바람 손님만
훠이훠이 손사래를 흔든다

가을에 물들다

천지간
초록이 물들어
단풍 되었다

꽃샘바람
온몸을 휘감을 때
여린 잎
안간 힘으로 매달리고

한여름
천둥 벼락 치던 날
두 눈 꼭 감고 도리질
두려움도 떨쳐 냈다

담쟁이는 빠알갛게
은행은 노오랗게
자작은 하이얗게
속살까지 물든 가을

긴 긴 겨울 맞을
채비가 되면
저마다 사연을

간직한 채
시나브로 낙하하여
자연으로 돌아간다

가을 길
색색이 수놓은 낙엽을
책갈피에 넣으며
시인의 영혼도
보랏빛 그리움으로
물들어간다

비자림을 걸으며

하늘에서 뚝뚝
나무에서 후드득
우산에서 똑똑
비자림을 걸으며
서로 다른 빗소리 듣는다

천 년 자란 가지손 내밀어
옆 지기와 맞잡으면
비자림 터널 되어
나그네 쉼터 만든다

사브작사브작
담 모퉁이 돌다 보면
이끼 낀 나무 사이 덩굴손이 자라
요정들의 그네 만든다

비자림 깊숙한 터
그리움 얽혀 있는 연리지
우산 받쳐줄 이 기다리며
사랑을 목 놓아 부른다

낙조

산등성이 걸쳐진 해님
바닷속 집으로 돌아가려고
갈 길 서두른다

붉디붉은 햇살은
황량한 갯벌에 주단을 깔고
두 눈 높이 들어 껌뻑이던
칠게도
꾸루룩 바닷물 되새김질하던
백합도
깊은 뻘 속으로 몸 뉘었다

해님은 종일 달떴던 얼굴을
바닷물에 식히며
가만가만 하루를 돌아본다

너에게 너무 뜨겁게 다가가서
상처 입히지 말길
너에게 너무 차갑게 떨어져서
가슴 시리게 하지 말길

내일을 꿈꾸는 이들에게
따뜻한 혼불이 되길

바람 불어 좋은 날

살랑거리는 봄바람
분홍빛 매화 내음에 취해
내 마음이 살랑거린다

뜨거운 열기 나르는 여름 바람
주홍빛 능소화 열정으로
내 몸도 불타오른다

선득거리는 가을바람
보랏빛 쑥부쟁이 흔들림으로
내 가슴은 온통 북새통

세차게 휘몰아치는 겨울바람
하얀 눈꽃 송이 사방으로 날리면
내 영혼도 산산이 흩어진다

갈대가 몸을 눕히는 것은
바람이 두려워서가 아니라
그저 지나가도록 통로를 만들어
다시 올 봄을 기다리는 것이다

바람 불어 좋은 날
네가 있어서
그 모든 것이 좋았다

첫눈

혹시 누구라도 알까
소리 없이 살짝 왔다
발자국도 안 남기고
사라지는 첫눈인데
올해는 함박눈으로 펄펄

세상은 온통 하얀 도화지
녹색 불빛 선명한 병원 기둥
붉은 십자가 반짝이는 예배당 지붕
네온사인 어지러운 상가 처마
아파트 광장 크리스마스트리도
포근포근 눈 이불 덮었다

덮을 것은 덮고
지울 것은 지우고
세상 시름 모두 잊고
함박눈 쌓인 길을
걸어가 보자

첫눈 첫발자국이니까

첫눈 2

사르륵사르륵
하늘 문 열고 내린
첫눈

대지에 닿자마자
한 방울 눈물 되어
흔적 없이 스며든다

첫눈
설렘 가진 이는
아직 청춘

아스라한 기억 속
그리운 그대
만나러 가는 길은
왜 그리도 더디던지

겨울 바다를 품다

훌쩍 나선 길
그 끝에 바다가 있었다

여름날 비릿한 갯내 사라지고
바람은 그리움 담아
겨울 바다에 내려앉았다

에스프레소 커피향
발길을 붙잡아
설핏 들어선 한적한 카페

겨울 바다 위 포말 같은
커피 거품 속에
황혼을 넘어가는
노부부의 미소가 번져 간다

해저의 뜨거움으로 달구어진
겨울 바다가
시린 내 가슴속으로
왈칵 뛰어들었다

철없는 계절

봄은 봄답게
따스하고

여름은 여름답게
화끈하고

가을은 가을답게
어여뻐야 하는데

올해는 사시사철 겨울
코로나 바이러스로
가득 찬 세상

철 모르는 벚꽃이
이 가을에 피었다네

언제쯤 철이 들어
계절을 분별할까

눈 내린 날에

송이송이
이 눈은
아이들 눈 속에 내리는 눈

펄펄
이 눈은
청춘의 마음에 내리는 눈

사르륵
이 눈은
사랑할 때 내리는 눈

뽀드득
이 눈은
행복할 때 내리는 눈

싸라락
이 눈은
이별한 후 내리는 눈

사박사박
이 눈은
초로에 밤 밝히며 내리는 눈

눈은 오늘도
소리 없이 내리는데
내 맘이 세월 따라
흔들리고 있구나

2부
인연마중

까만 방
쏟아져 내리는 별무리 속
나는 오도카니 앉아
클림트의 여인이 되었다

염원(최원숙 작가), 캔버스 위에 자개.아크릴

사랑이라 부른다

사랑이라 부른다
지금 함께할 사람이 있어서
행복한 것

그 사람을 생각하면
마음 한 편이 아려오는 것

아낌없이 주고도
더 줄 수 있는 게 없을까
고민하는 것

사랑이라 부른다
좋은 풍광을 만나면
언젠가 함께 오고 싶은 것

금방 헤어지고 돌아서서
또 보고파 그리운 것

많은 사람 중에
그 한 사람밖에
보이지 않는 것

사랑이라 부른다

동행

살아가며
동행이 필요할 때
선뜻 부를 수 있는
지기를 두고 있는 사람은
행복하다

왜냐고 묻지 않고
무작정 달려 나와 줄 수 있는
친구가 있다면
더더욱 행복하다

하지만 세상살이가
어찌 만만하랴
저마다의 사정이 있는 것을
그럴 땐 그러려니
한잔 술과 동행 해본다

내 친한 벗은 설중매이나
그도 없다길래
오늘은 산사춘이 자리를 대신 했다
권커니 잣거니
까만 밤이 깊어간다

사랑한다는 것

사랑이 어디 하나뿐이랴
둥글기도 네모지기도
원뿔 같기도 기둥 같기도 하지

그러나 본질이 어디로 가랴
불구덩이 속 나무가
제 몸 불살라 재가 되었어도
안으로 품은 온기는
불씨로 살아남은 것을

시간이 지나가면 잊어질까
눈에서 멀어지면 옅어질까
불덩이 하나
가슴 속에서 솟구칠 때마다
두 눈을 꾸욱 감아 본다

내가 죽어서
네가 사는 사랑
네가 숨어서
내가 보이는 사랑

아프지 않으면 사랑이 아니지
그래도 사랑하는 것이
참사랑이지

별을 낚는 사람

짙푸른 밤하늘
그대는 말합니다
초승달을 타고
별을 낚겠노라고

그때 그대의 눈은
별보다 빛났지만
풀벌레와
귀뚜라미와
나는
웃음소리로 밤하늘을
가득 채웠습니다

별들이 돌고 돌아
추억으로 남을 즈음
갑작스레
당신의 이야기가 들렸습니다
당신이 별을 낚으러 갔다고

당신은 이제
한 줄기 별빛이 되어
짙푸른 내 눈동자에

낚싯대를 드리우고
방울져 유성우(流星雨)가 되어
흐릅니다

상처보다 깊은 사랑

차라리 깊은 병이라면
나았을 것이라 생각하지요
포기를 하거나
마지막 희망을 걸어보거나

새록새록 아픔만 돋아나는
아물지 않는 상처
핏빛 아픔이 사그라질 때까지
가슴을 부여안고 참아야 합니다

사랑으로
하냥 초라해지는데도
불쑥 이별 해놓고
다시 돌아보지 않을 자신이 없어서
헤집어진 상처를 싸맬 수가 없어서

몇 번이나 굳은 결심을 하건만
끝내 이별을 못 하는 것은
상처보다 깊은 사랑
그것 때문인가 봅니다

그대에게 다가가지도 못한 채
내 존재가 아직은
그대에게 남아있으리라 위로하며
가없는 또 하루를 살아갑니다

변명

전화를 끊고 나서 돌아서면
늘 그게 아니었는데 후회합니다
가슴에 담은 말 다 하지도 못하고
섭섭한 표정조차 짓지 못하고
그렇게 아픈 채로 변명해 봅니다

몸이 아프면
마음은 갑절이나 아프답니다
아프지 않으려 주사를 맞았는데
현기증 동반한 통증은 더해만 갑니다

이렇게 아픈 날이면
그대가 문득 가슴 가득 다가와
그리움은 넘치도록 배가 되지요

그대를 둘러싼 마지막 인연마저
홀홀히 이생 떠났다는 소식을 들었건만
어찌할 수도 없어서
그리움 가득 안은 채로
오도카니 서 있었습니다

이런 내 모습이
초라해 보이지 않으려 변명해 봅니다
그냥 지낼 만하다고

하지만 그 후로도 오랫동안
아니라고 힘들다고
변명을 곱씹어 봅니다

해후

하루하루가 지나가는 것이
어찌 이다지도 힘든
고행이었는지요

긴 세월의 강과
그보다 긴 인연의 산을 넘어
그대와 해후할 수 있는 것이
이상하기만 합니다

가슴 저리게 아팠던 고통도
망각의 늪을 건넌 채
마주 앉아 무심히 수저를 들고
허허롭게 웃을 수도 있는 건

어쩌면 지금 손 놓아버리면
영영 망각의 나락으로
떨어질 것 같은 두려움에
그저 장승처럼 기다리며
서 있는지도 모릅니다

너무도 짧았던 해후
그대를 눈에 담아두지도 못하고

여운마저 사라질까 조바심치며
여러 날을
또 가슴앓이로 보냈습니다

아프다 아프다

눈물 한 방울
툭 떨어진 그곳엔
아프다고 말하는 심장이
느리게 뛰고 있다

거울 속에 비친
복샷빛으로 짓무른 눈자위가
아픈 마음을 먼저 알았다

봄볕은 자꾸 짙어져
지천에 꽃들은 흐드러지는데
햇살도 가리우고
바람도 가리우고
마음의 창도 닫혀 버린 지금

아프다 아프다며
잔인한 사월이
지나가고 있다

인연

이별이 어찌 그리 쉬운 일이더냐
이리 말해도 저리 둘러대도
결국은 상처로 남는
아픈 헤어짐인 것을

미련과 그리움
다시 떠오르지 않게
그대라는 인연 하나
커다란 돌멩이에 묶어
호수 속으로 던져 버렸다

사랑하니 헤어진다는
뻔한 이야기는 하지 않으리
세상 이목 맞설 용기가 없을 뿐

인연의 겁 너무 두터워
오늘도 하악하악
가쁜 숨 뱉어 낸다

인연 2

뎅강 무 허리 잘라내듯
인연 하나 싹둑 베어냈다
한숨 꾹꾹 눌러 담아 눙친 세월
서른 해가 지났다

날이 가고 달이 가고
무서리 내릴 때마다
납덩이 하나씩 눌러 넣은 가슴
시커멓게 타들어 갈 때마다
허허로운 웃음 지어 보였다

인연 하나 베어낸 자리
빨간 선혈 맺히는데
이별이 일상인 이방인 웃음소리
이승의 끈을 놓으면
가슴속 납덩이도 사라질까

시나브로 뒹구는 낙엽이
겨울의 길목을 더듬는데
추적거리는 빗소리
으스스 등줄기를 훑는다

더 이상 어설픈 인연으로
미로를 헤매지 않기를

무턱대고 달리다
막다른 골목에서 황망히 뒤돌아서
후회하지 말기를

감기

계절이 바뀌면
면역성이 떨어진 틈을 비집고
도둑처럼 들어오는 감기

쿨룩쿨룩
목젖을 훑으며 올라오는
밭은기침 소리
가슴 속까지 아려오는
깊은 통증에
현기증이 난다

감기약 한 줌
목구멍 가득 밀어 넣고
억지로 삼키려고 해도
딱딱한 알약 한 줌
쉬 넘어가지 않고
한 알이 끝내 남아
물 한 모금 꿀꺽 들이켠다

사랑도 그렇다
그리움에 꺼이꺼이
목 놓아 울고

이별 후 가슴속을 후비는
통증을 달래려
독한 술을 들이켜 보아도
좀체 면역이 생기지 않는다

아플 만큼 아파야 낫는
감기처럼

불면 해소하기

이리 뒤척 저리 뒤척
몇 번을 돌아누워도
좀처럼 잠들지 못하는
불면의 밤

시계는 자정을 넘기고
창틈으로 어슴푸레
달빛 스며드는데
의식만 또렷한 채
눈꺼풀이 내려앉는다

스탠드 불 밝히고
책장을 넘기는 찰나
오늘 내가 사는 삶은
어제 어떤 이가 그렇게도 바라던
내일이라고

화들짝 놀라
그만 잠들기를 멈췄다

때가 되면

캄캄하게 어두운 이 밤도
때가 되면
여명이 찾아오겠지

추운 겨울 매서운 바람도
때가 되면
훈풍이 불어오겠지

앙상하게 메마른 나뭇가지도
때가 되면
연둣빛 새순 돋아나겠지

말 못 하고 돌아선 아픈 이별도
때가 되면
웃음 지으며 다시 볼 수 있을까

모든 것은 다 때가 있다는데
기약 없는 기다림
흘러가는 세월이 두렵다

앞집 지기의 부재

살면서 좋은 이웃을 만나기가
어디 그리 쉬운 일인가

추운 겨울
다시 낯선 곳으로의 이사
맘속까지 을씨년스럽던 날
그녀는 알싸한 커피 향과
환한 미소로
앞집 지기가 되었다

빛나는 피부
윤기 나는 머리칼
활기찬 목소리
그런 그녀가
이 밤 창백한 얼굴로
하얀 침상을 지키고 있다

사흘에 한 번씩 걸지게 차려 놓고
밥 먹기를 재촉하던
그녀의 집엔
오늘도 어둠이 침묵하고 있다

봄볕은 나날이 짙어지는데
그녀의 모든 것이
부재인 지금
내 맘은 겨울이다

모닝 커피

매일 너를 기다린다
하루라도 못 보면
애달파 가슴이 먹먹해지고

오늘은 블랙스완처럼
또 다른 날은
백조의 호수처럼 다가와
부드럽고 달콤하게 속삭이는
너의 치명적 유혹

하얀 포말 얹혀 있는
부드러운 거품 속에 담겨진
너의 진한 향기

밥으로도 빵으로도
메울 수 없는
너의 마력에 이끌려

독배를 마시는 심정으로
오늘 아침 천천히
아주 천천히 너를 마신다

카페에서

라테 향 가득한 카페
높다란 조명 내 몸을 감싸면
하얀 벽 오선지가 되고
컨트리 음악 춤을 추듯
벽면마다 음표를 그린다

오늘 하루만 살고
죽을 것 같았던 젊은 날
격렬한 로큰롤에 몸을 맡기며
영혼까지 탈탈 털어
나를 불태웠다

오랜 시간이 지나간 자리
커피 향 날아가버린 카페
조명마저 꺼진 텅 빈 공간
재즈 선율이 흐느끼며
색 바랜 음표를 지운다

사랑마저 시큰둥해졌을 때
I'm your man
레너드 코헨이
지친 영혼을 달래준다
이럴 때는 에소프레소

커피 중독

테라스에 앉아
한 잔 커피를 마신다
달콤 쌉쌀한 맛
우리네 인생 판박이

이십 대 카페라테
어찌 마셔도 달았다
인생이 달달해서였나
그대가 그래서였나

삼십 대 에스프레소
한 모금만 마셔도 쓰디썼다
인생이 고달파서였나
그대가 그래서였나

오십 대 카푸치노
목젖 너머 시나몬 향이 났다
인생이 저물어 가서였나
그대가 그래서였나

인생살이 구비구비
끊지 못하는 커피 중독

오늘은 아이스커피로
달뜬 마음 달랜다

바람이 분다

햇살은
나날이 따사로운데
마음속에는 황량한
바람이 분다

사람이 싫어져서
사랑이 떠나가서
삶이 가여워서

꽃들은
앞다투어 피어나는데
머릿속에는 심술궂은
바람이 분다

사람이 야속해서
사랑이 돌아서서
삶이 고달파서

꾹꾹 울음 삼키며
뒤돌아선 발걸음
흩날리는 꽃비에
봄도 빼앗겨 버렸다

클림트 빛으로 물들다

컴컴한 지하 벙커
고즈넉한 벽면마다
꽃이 피었다
새가 날았다

나부의 여인
부끄러움도 모른 채
노란빛으로 변해
정열의 키스 보냈다

사방천지 빨강
초록의 빛 어우러져
한바탕 춤추고 지나간 자리
화폭에 추억으로 새겨졌다

까만 방
쏟아져 내리는 별무리 속
나는 오도카니 앉아
클림트의 여인이 되었다

숨비소리

아이야 해 떠오른다
물질 나가자
무거운 납덩이 허리춤 둘러매고
호오이 숨비소리 허공에 날리면

능소화처럼 고운 태왁 속
해녀의 꿈
한아름 담겨 있다

잘생긴 문어는 아들 책가방
예쁜 전복은 딸 공책
캄캄한 바닷속
머리 풀어헤친 미역 다발은
서방님 저녁 먹거리

할망바당 옥빛 바다
얼굴에는 검버섯 피어올라도
호미 빗장 들고
춤추는 할망 해녀 숨비소리 타고
고둥도 춤춘다

점점이 피어있는
주황색 태왁 꽃송이마다

죽음을 등에 지고 사는
해녀 노래
구슬프게 피어난다

시인의 마을

가을 산기슭마다
하늬바람이 넘실

붉은 단풍 닮은
여류 시인 낭송 소리
골짜기 타고 흐르면
가을 산 덩달아 춤춘다

푸른 솔로 남은
꼿꼿한 초로의 시인
막걸리 잔 속에
시를 휘휘 저어
단숨에 마셔버렸다

시인이 머무르면
그곳은 시인의 마을
시심을 건네받은
농익은 가을이 울컥대며
시를 토해 낸다

또 다른 하루

어제 진 해가
오늘 다시 뜬 건데
한 해가 새롭단다

아프고 슬펐던
지난 일일랑
저문 해와 함께
묻어버리자

다 품고 있으면
가슴에 불이 일어
견딜 수가 없단다
산다는 건
때때로 잊히는 것

판도라 상자 속
마지막 희망에 기대어
또 다른 하루를
살포시 열어 본다

천형(天刑) 시로 남다

삘릴리 보리피리 불며
산등성이 오를 때
검지 하나 툭 떨어졌다

희망 찾아
소록도 향할 때
발가락 하나 또 떨어졌다
이 천형을 어찌할거나

훠이훠이 손사래짓하며
눈길조차 비껴가는
제일 무서운 건 사람이었다
돌아보니 더 무서운 건
수족 다 있어도
따뜻한 마음 잃어버린 사람들

남아있는 손가락 호호 불며
향내 나는 시를 짓고
절룩이는 발걸음
시대 발자취로 남아
나병 시인은 천상에서
비로소 완전해졌다

시린 겨울밤
귓가를 휘젓는
삘릴리 보리피리 소리

천국과 연옥

앗 뜨거
여름 한낮 더위도
온몸 이리 무더운데
연옥은 어떨까

짧은 인생
착하게 살아야겠다

앗 시려
인생 잠깐 사랑도
가슴 이리 저미는데
천국은 어떨까

짧은 인생
후회 없이 죽어야겠다

지구별 나라 인연

주룩주룩 소나기 뿌린 후
빨주노초파남보
동산 허리 무지개 걸렸다
각기 다른 빛깔 어우러진
어여쁜 다리

살랑살랑 봄바람 스친 후
빨강 노랑 하양 주황
마당 한 귀퉁이 꽃 잔치 열렸다
각기 다른 꽃들이 어우러진
황홀한 정원

사랑은 어울림
사랑은 스며듦
각기 다른 인연이 만난
지구별 나라

하양이 노랑이 까망이
제 각각 형상은 달라도
하나님 보시기에
참으로 좋았더라

묵언 수행

마스크 쓰고 난 뒤
말수가 부쩍 줄었다
입은 닫고 귀는 열고
모두들 묵언 수행으로
세상이 고요하다

그 많던 말은
다 어디로 갔을까
바이러스 피해
하늘로 날아간 것일까
땅속으로 스며든 것일까

여린 가슴 상처 주는 말
울림이 없는 공허한 말
세상 오염시키는 말
거짓말과 허언일랑
이참에 다 묻어두어라

마스크 벗고
묵언 수행 깨어나면
희망의 불씨 살리는 말

세상 정화시키는 말
참말과 정감 어린 말로
해피 바이러스 퍼뜨리자

잠시 멈춤

가던 길 멈춰 서서
뒤돌아본다
네가 재촉하니 나도 바빴는데
네 걸음 멈추니 내 걸음도
잠시 멈춤

밥 한 끼 먹자는 게
정 아닌 실례 되는 세상
술 한잔 먹자는 게
의리 아닌 눈치 없는 세상
시끌벅적 시장통도
잠시 멈춤

가지 말라 모이지 말라
전염병 지나는 길목마다
발목 잡힌 사람들
눈길 손길 기다리던 꽃들도
피어나지 못하고
잠시 멈춤

모든 것이 멈추어 선 채
봄이 가고 여름도 가고

어느새 가을바람이 분다
이리 오라고 빨리 오라고
손 흔들며 반길 날 있을까

눈 내리는 겨울 오면
너의 따뜻한 두 손 맞잡고
호호 입김 불며
걸을 날 기다리며
오늘은 잠시 멈춤

이사 날

두껍아 두껍아
헌 집 줄게 새집 다오

미지의 세계 향한 두려움과
약간의 설렘이 혼재된 이사 날

삶의 터전을 옮기는 것은
살아가는 방식을 바꾸는 것

헌 살림살이를 새집에 맞춰
디자인하는 것

정겨웠던 이웃과 이별하고
낯선 이방인을 받아들이는 것

도심 불빛과 소음 꺼버리고
푸르른 산과 정적을 품는 것

흔들리는 마음을 다잡아
다시 삶을 시작하는 것이다

사노라면

산다는 건
다 이유가 있기 마련인데
그냥 오늘만 산다

하루하루
타인과 만남을 비껴가며
숨 죽여 산다

마스크 없이는
아무도 만날 수 없는
기막힌 세상

사노라면
두 팔 벌려
너를 포옹할 날이
다시 올 수 있을까

산다는 건
다 희망이 있기 때문인데
그냥 오늘만 산다

3부
고향마중

마중하러 나간다는 것은
소리 내어 말하지 못해도
마음이 먼저 가서
기다리는 설렘이다

염원(최원숙 작가), 캔버스 위에 자개.아크릴

개나리꽃 피는 마을

봄바람 살랑 불어오면
마을 담장 구비구비
노랗게 노랗게 물드는 곳

봉의산 자락 종다리
봄봄 노래 부르면
메마른 줄기마다 피어나는
개나리꽃

공지천 반짝이는 햇살 따라
노란 코트 자락 휘날리며
개나리 꽃잎이
두둥실 흘러간다

춘천에 봄이 오면
소양강 굽이치는 물결 따라
내 마음도
노랗게 노랗게 물들었다

엄마 생각

예고 없이 날아온 부고장
동창 어머니 여읜 소식에
문득 보고 싶은
엄마 얼굴

주말에 다시 오마 약속했는데
잠깐 본 그 모습이
마지막이었네

선득 가을바람 불어올 때면
코끝을 스치는 엄마 향기
해가 갈수록 그리운
엄마 손길

내년에 여행 가자 기약했는데
메마른 손 잡아본 것이
마지막이었네

나이 한 살 먹어 갈수록
계절 한 바퀴 순회할수록
마음속 파고드는
엄마 생각

경춘선 열차 안에서

어린 날 서울은
아무나 가는 곳이 아니었다
경춘선 열차 뒤꽁무니에는
가보지 못한 미지의 꿈
대롱대롱 매달려 있었다

강촌역 지날 때면
붉은 꽃처럼 피어나는
청춘들의 노랫소리
통기타 선율 타고
마음속으로 들어왔다

가평과 청평 지나
덜커덕거리는 열차 바퀴가
인생의 수레바퀴 매달고
화랑대역 다다르면
칼날 같은 옷깃의 사내들
열차에 올랐다

열차 종착역은 청량리
역사 앞 시계탑
만남 기약한 이의 둥지가 되고

열차 꽁무니 따라온
단발머리 소녀의 꿈은
노랑 나비 되어
고향으로 훨훨
날아가고 있다

봄내 골 겨울 이야기

봄내 골 겨울이 오면
강물도 쨍하니 얼어붙었다
살아내기엔 혹독한 계절이라지만
아이들의 겨울은 신나는 놀이판

공지천 구름다리 건너
팔각정 뾰족 지붕 보이면
벌써부터 마음은 두근두근
꽝꽝 얼어버린 호수 한가운데
둥그런 트랙이 사람들을 부른다

빨간 망토 걸친 여자아이
빨간 스케이트 신고 빙빙 돌고
시합 나가는 운동부 선수
검정 스케이트 신고 쉭쉭 돌고
그걸 부러워하는 아이들도
앉은뱅이 썰매로 뱅뱅 돌고

얼음판 위 풀빵 장사 아저씨
꼬치 꿰는 어묵 장사 아주머니
손과 발 꽁꽁 얼었어도

따끈한 국물 한 사발 들이켜며
꽃분홍 앞치마로 콧물 스윽 훔친다

희끗한 머리로 돌아와 앉은 자리
산자락이 병풍처럼 둘렀던 얼음판 위
높은 빌딩만이 긴 그림자 드리워도
알록달록 새겨진 마음속 풍경을
경춘선 열차에 가득 싣고
봄내 골 겨울이 지나간다

가족 사진

비단 조끼 입은
눈매 선한 어머니
이 대 팔 가르마
입 꾹 다문 아버지
털실 모자
삐뚜름하게 쓴 딸

흑백사진 속
단란한 가족사진

단발머리 발랄한 엄마
순한 눈망울 아들
컬러사진 속
단출한 가족사진

화장대 위 나란히 세워진
가족사진 속으로
오십 년 세월
소설 같은 이야기가 흐른다

사진 속 어머니
하얀 나비 타고

천국으로 가셨어도
가족 위한 가없는 사랑
이승으로
강물처럼 흐른다

마중

네가 온다는 말 끝나기 무섭게
눈보다
손보다
발보다
보고픈 마음이 먼저 가는 중

네 머리카락 보일 때까지
발걸음 소리 들릴 때까지
하냥 기다리지 못하고
애달픈 마음이 먼저 가는 중

머리도 대충
옷매무새도 대충
신발도 대충 신은 채
성급한 마음만 먼저 가는 중

집 앞 벤치에서 서성거리면
새하얀 수국도
보랏빛 꽃창포도
보이지 않고
그리운 마음만 먼저 가는 중

마중하러 나간다는 것은
소리 내어 말하지 못해도
마음이 먼저 가서
기다리는 설렘이다

소천

엄마 하고 부르니
눈물이 후드득

또 엄마 하고 부르니
가슴이 후다닥

이승에서의 인연을
선뜻 베어내고
홀연히 천상으로 가신 엄마는

눈 뜨면 보이지 않고
눈 감으면 연기처럼
맘속으로 스며든다

엄마 하고 다시 부르니
코끝을 스치는 박하분 내음

미소 가득한 엄마 얼굴이
거기에 있다

울 엄마와 밥 먹고 싶다

엄마하고 이별한 지
어느새 일곱 해
사진 속 환한 얼굴 여전한데
손 내밀면 허허로운 공기뿐

부드러운 목재 공간
열린 창으로 들어오는
따스한 햇살과 바람 품어 안은
브런치 카페

커피 향 나풀대는
창가 옆 테이블
나이 지긋한 여인이
초로의 어머니와 함께
밥을 먹고 있다

세상에서 가장 행복한 얼굴
두 여인의 흐드러지는 웃음소리가
카페를 가득 채운다
나도 울 엄마와 밥 먹고 싶다

빈자리

오월의 햇살은
따사로운 빛을 더하고
푸르름 짙어진 정원에는
수국이랑 연산홍
여전히 반갑게 맞이하는데

벤치 위 아스라한 뒷모습
잰 발걸음으로 올라가 보니
돌아다보는 아낙은
울 엄마가 아니네

간다는 소식 전하면
일찌감치 집 앞 벤치에 나와
목 길게 빼고
딸이 오는 길목 한없이 바라보던
울 엄마

아낙도 돌아간 자리
서늘한 한기는
내 등줄기를 감싸고
수국 닮은 엄마의 하얀 미소만이
나를 마중한다

화사한 봄의 향연은
절정을 향해 치달려 가는데
엄마 계시던 벤치는
오늘 빈자리

엄마 손맛

동그란 소반 한가운데 얹어진
도루묵찌개
알싸한 겨울바람 불면
저녁 무렵 엄마 손에 들려 있는
도루묵 반 양동이
암놈은 두툼한 배를
잔뜩 내밀고 있었다

싱싱한 무 파 숭숭 썰어 넣은
도루묵찌개
연탄불 위 양은 냄비가
보글거리기 시작하면
배불뚝이 도루묵 알
톡톡 터지며 입맛 당긴다

문풍지 사이로 찬바람 불 때
무 맛 파 맛 엄마 손맛 합쳐진
도루묵찌개
국물 쓱쓱 비빈 보리밥
김치 쭉쭉 찢어 얹으면
행복한 밥상 완성되었다

그때는 왜 몰랐을까
엄마는 살 점 없는 생선 머리
뼈만 남은 꼬리 드시고
알 톡톡 터지는 몸뚱이는
전부 우리에게 내어주신 것을

겨울바람 쌩하니 불 때마다
그리운 엄마 손맛

그때로 돌아간다면

스무 살 그때로 돌아간다면
연인에게 아꼈던 말 고백하고 싶다
사랑한다고
보고 싶다고
이해한다고

서른 살 그때로 돌아간다면
아이에게 매일 들려주고 싶다
잘했다고
괜찮다고
최고라고

마흔 살 그때로 돌아간다면
후배에게 가끔 말해주고 싶다
고생했다고
한편이라고
힘내라고

쉰 살 그때로 돌아간다면
부모님께 때때로 표현하고 싶다
덕분이라고
행복했다고
존경한다고

아이야

살포시 감은 눈
뽀얀 속살
아이야
너는 내게로 온 천사의 선물

재잘거리는 입술
뒤뚱거리는 걸음
아이야
너는 웃음 주는 해피 바이러스

미운 일곱 살
질풍노도의 시기에도
아이야
너는 내게 힘을 주는 샘물

이제 나이 들고 힘에 겨워
든든한 기둥이 못 되어도
아이야
눈 감는 그날까지
미소로 너를 맞는다

다리 하나의 변(辨)

두 귀
두 팔
두 다리
이렇게 둘이라야
온전한 역할을 하는 것들이 있다

다리 하나
땅에 디디지 못하니
세상을 다 잃은 듯 공허하다
그뿐이랴
남은 다리 한 쪽은 사서 고생
반쪽의 무게가 더 실리니
한 걸음도 휘청휘청

다리 하나 못 쓸 뿐인데
두 팔도 반쪽이
번쩍 들어 올릴 수 있던 것들이
한 다리로 지탱하니
절반 무게도 허덕허덕

하얀 병실
하얀 가운

하얀 붕대 감은 다리 하나
세상의 온전한 것들이
이리 부러울 수가 없다
네가 다시 돌아와야
내 삶도 온전해지겠다

두 개 중 하나의 상실도
이리 세상 살기 팍팍한데
하나만 있는 걸 잃어버린 삶은
세상천지 캄캄한 절벽일 터

다시 돌아갈 수 있다는 희망에
목발을 딛고 일어서 본다
두 개라서 참 다행이다

아들의 등

태어나서 일 년 세월
등에 업어 키운 아들
스물여덟 해 지나
이제 아들 등에 업혔다

에미 눈은 언제나
사랑의 까막눈
가녀리게만 보였던
아들 등판이 이리도 넓었던가
다쳐서 좋은 일도 있구나

요령 없이 엉덩이에 걸친
나를 지탱하며 힘쓰던 아들
어깨 위로 올리라며
내 입꼬리도 올라간다

오늘 아들 등에 얹힌
에미 몸무게가 버겁지 않기를
넓은 아들 등이
거친 세상 풍파로 인해
움츠러들지 않기를

아들의 방

오늘도 부재중인
아들의 방
창문 활짝 열어
새 공기 들이고
붙박이장 열어
묵은 공기 내보낸다

풍광 제일 좋은
아들의 방
북한산 자락에는
흰 구름 걸리고
남산 소나무는
오늘도 푸르르다

빌딩 숲 사이
한 잔 커피 들고
청년들 싱그러운 웃음
피어나는데
주인 없는 아들의 방
시계 초침 소리만
가득 채운다

그리움

무시로 마시는 공기와
불편함 없는 숨결로
손 내밀면 닿는 곳에
언제나 그대가 있는 줄 알았다

텅 빈 대화로 느껴지는
시간과 공간의 부재 속에서
그대 향한 그리움이
강물로 흐르는 밤

가슴 쓸어내리며
켜켜이 쌓인
세월의
딱정이 삭인다

그리움 2

보름달이 바뀌어
초승달이 된들
바윗돌이 깨어져
조약돌이 된들
저들의 본질이 어디 가랴

날카로운 비수로
인연의 옷자락
선뜻 베어냈지만
그리운 마음까지
베어 내지는 못했다

익숙한 길모퉁이마다
아스라한 추억 한 조각
도장처럼 새겨진 발자국 하나
그 위에 내 발자국을
살포시 얹어 본다

억겁의 인연
좋은 날은 좋아서
슬픈 날은 슬퍼서
그리움은 쌓여져 갈 뿐
결코 옅어지지 않는다

희 로 애 락

내가 기뻐할 때
까닭 없이 함박웃음 지어주던
그대가 있어
한껏 행복해졌습니다

내가 노여워할 때
묻지 않고 상대를 질책하던
그대가 있어
조용히 평안을 되찾았습니다

내가 가슴 아파할 때
조용조용 어깨 내어주던
그대가 있어
쉬이 치유가 되었습니다

내가 즐거워할 때
소리 높여 노래 불러주던
그대가 있어
아름다운 세상을 보았습니다

희 로 애 락
함께 나누어준 그대 위해

편히 쉴 수 있는
무릎 한쪽
기꺼이 내어 드리겠습니다

늦은 후회

자식 똥은 황금 똥
실눈 뜨고 냄새 맡고
잘했다고 손뼉 친다

애비야
너 어릴 적 넘어질 때마다
두 손 내밀어 일으키기 천 번
뒤뚱 발로 한 발짝 내디딜 때
온 세상을 다 가진 것 같았다

부모 똥은 검은 똥
곁눈질로 냄새 외면하고
잘못했다 타박한다

에미야
너 어릴 적 이 하나 날 때마다
두 눈 반짝이며 세어보기 천 번
어설픈 말로 엄마라고 불렀을 때
온 우주를 다 품은 것 같았다

똥의 이치 깨닫고 나니
어느새 나도 백발

조금만 더 일찍 알았더라면
그래도 괜찮다고
천 번 말해 줄 것을

고향 친구

어깨동무 한지 반 백 년

고향 가노라 기별하면
어서 오라 손짓해 주는
친구가 있어 좋다

하늘대던 너의 머리카락
어느새 서리 내리고
당당했던 내 어깨도
나날이 구부정해지는데

만나면 여전히 똑같다고
미소지어 주는 친구
거짓뿌렁 인줄 알면서도
헤벌쭉 입이 귀에 걸린다

인생살이 한지 반 백 년

누구인들 아픔이 없으랴
누구인들 슬픔이 없으랴
어둠의 질곡 이겨낸
너는 밝은 웃음소리

이제는 북한강 물줄기에
청춘의 그림자 드리우고
호반 물안개를 닮아가는
오래 사귄 벗이여

네가 거기 있어서
고향이 하냥 좋다

4부
나라마중

영혼을 갉아먹는
회색 공간과 작별하고
별을 헤던 시인은
별이 되었다

염원(최원숙 작가), 캔버스 위에 자개.아크릴

1999 - 2000

영릉(英陵)으로 가는 길은
언제나 비와 동행(同行)
앞을 분간하기 힘든 빗속 뚫고
다시 거기에 섰다

아무도 없는
낯선 곳에 서 있는 어린아이처럼
겁먹은 얼굴로 서성이며
차마 잡을 수 없어
손 놓아 버린 사랑

나는 영릉(英陵)에서
그대를 향한 비가(悲歌)를
목 놓아 부른다

천 년의 마지막 밤을
그대와의 이별로 보내며
아주 깊은 잠에
까무룩 빠져들었다
망각의 늪도
함께 건넜으면 좋았을 것을

다시 새천년
문득문득 그대 빈자리가
선득하니 내 등줄기 스치고
가슴 한 편 채워지지 않는
그리움으로 꺽꺽대며 울어도

사랑이 아닌 그 무엇도
나는 다시 시작하지 않겠다

옛날옛날 고릿적에

날렵한 팔작지붕
대리석 기둥 관악의 하늘을
떠받치고 있는 곳

바윗덩이 쉼 없이 굴리는
시지프스 형벌처럼
오늘도 역사의 수레바퀴를 돌리는
사람들 있다

우리는 어디에서 와서
어디로 가고 있는 것일까

옛날옛날 고릿적에
할머니 옛이야기 말문을 열던
고리가 바로 고구려란다

우리의 기억 저편
아스라한 전설 된 잃어버린 역사

대륙을 내달리던 호태왕의 준마는
그만 달리기를 멈췄고
광야에서 육사가 목메어 불렀던
초인도 갈 곳을 잃었다

압록강과 두만강 베개 삼고
혹독한 추위 이불 삼아

나가 나가 싸우러 나가자던
독립군의 피맺힌 군가는
시베리아와 만주 벌판 메아리로 남아
우리에게 외치고 있다

조상의 숨결 살아 숨 쉬고
조국 독립 열망하며 목숨 바친
고리의 강역을 잊지 마시오

대륙의 초원에서 바람이 불어
그대들의 귓가에
독립군가 들려온다면
그대들도 따라 불러주시오

나가 나가 싸우러 나가
나가 나가 싸우러 나가
독립문의 자유 종이 울릴 때까지
싸우러 나아가세

군복을 입으며

처음 입은 훈련복
하루 종일 진흙탕에 구르고
무거운 군장 메고
뚜벅뚜벅 발걸음 옮기다 보면

땀과 눈물 스며들어
소금기 허옇게 얼룩진 옷
각지고 불편했던 옷이
어느새 내 몸에 딱 맞는다

반듯하게 모자 쓰고
광나는 군화 신고
거울을 보면
형형한 눈빛 지닌
멋진 사내 하나 서 있다

내 마지막 군복은 수의
어디서 주검이 되어도
부끄럽지 않게
깨끗한 속옷 갈아입고

전쟁터에서 나를 기억해 줄
군번줄 목에 걸고
오늘이 마지막인 것처럼
비장하게 길을 나선다

삼월이다

삼월이다
겨우내 숨죽였던 생명이
단단한 대지를 뚫고 나와
힘차게 기지개 켜는 삼월이다

암울했던 역사의 고난기
손에 손 맞잡고
태극기 펄럭이며
대한독립 만세 외치던 삼월이다

삼월이다
오랜 시간 몸과 마음
단단하게 일구어온 청년 사관들이
빛나는 소위 계급장 달고
힘차게 첫발 내딛는 삼월이다

위국헌신 군인본분 가슴에 품고
영롱한 두 눈으로
신화 같은 조국을 바라보라
두 팔 벌려 전우를 감싸 안고
장쾌한 두 다리로 목표 향해
전진 또 전진하라

땅과
하늘과
바다에서
싸우면 반드시 이기는 그대들 뒤에는
가슴 벅찬 조국이 있다

삼월이다
위풍당당 신임 청년 장교들이
푸르른 청춘을 대한민국에 바친
거룩한 삼월이다

행군

춤추며 낙화하는 벚꽃 아래
형형한 눈빛
엷은 미소 띤 사내들이
총기 멜빵끈 사각대며
행군을 한다

세차게 뿌리는 여름 소나기
뜨거운 햇살 머리에 인
앙다문 입술의 청춘들이
흐르는 땀 소매로 훔치며
행군을 한다

고추잠자리 비행하는
청아한 가을 하늘
켜켜이 쌓인
오색 낙엽을 밟으며
턱끈 질끈 조이고 고지 향해
행군을 한다

하늘과 산과 들판
사방 모두가 하얀 겨울
무거운 군장 위에 쌓이는

함박눈을 맞으며
사랑하는 이 가슴에 품고
행군을 한다

산등성이 하나 오를 때마다
깊은 골짜기 건널 때마다
무릎은 점점 시려 오고
발뒤꿈치 통증이 옥죄어도

저 멀리 목표가 보이는 순간
마음은
정복자처럼 벅차오르고
군장의 무게
깃털처럼 가벼워졌다

비상(非常)

폭발하기 직전의 활화산처럼
느슨했던 온몸에
긴장감이 흐른다

비상 명령에
전투복을 차려 입고
전투화 끈을 조이는 순간
출동의 긴박감은
혈관을 타고 솟구친다

서늘한 새벽
청춘들이 연병장에 늘어섰다
한 치도 흐트러짐 없는 열 속에서
호흡도 열을 서듯
흐트러짐이 없다

재깍재깍
출동 시간 다가오면
장비들의 우렁찬 포효가
지축을 울린다

청춘들의 심장도
요동치기 시작한다
군장의 무게만큼이나
총을 쥔 손끝에
힘이 가해진다

평범했던 청춘들은
비상(非常)의 순간
몸도 마음도 비장해졌다
그리고 목표를 향해
힘차게 날아가고 있다
이제 비상(飛上)이다

현충원에서

가로세로 하얀 묘비들이
열병하는 대오처럼
한 치 흐트러짐 없이 늘어서 있는
현충원에 섰다

묘비의 주인은
남편일까 자식일까
한 아낙이 묘비 앞 이름 석 자를
닦고 또 닦으며
차가운 화강암에
온기를 불어넣는다

후보생에서 장군까지
이생에서의 계급은 달랐지만
가슴 절절한 충혼에
계급장이 어디 있으랴
가슴속에 묻은 임은
붉디붉은 유월의 장미로 태어나
샤넬의 향기를 흩날린다

못 다한 수많은 얘기를 간직한 채
찾아주는 이도 없는 묘비에는

자리를 오롯이 지켜온
태극기와 무궁화가
수런수런 그들의 무용담에
귀를 기울이고 있다

이 몸이 죽어서 나라가 산다면
이슬같이 죽겠노라던 독립군과
전우의 시체를 넘고 넘어
앞으로 앞으로 나가자던
용사들의 노랫소리 귓가를 맴돌다
뜨거운 유월의 태양 속으로
사라졌다

노병의 경례

호국의 영령들
해와
달과
별이 되어
안식을 취하는 현충원
죽음의 문턱에서 살아 돌아온 노병은
떨리는 손 들어 경례한다

스무 살 까맣던 머리에
새하얀 서리가
수북이 내려앉고
조국 위해 소총 들었던 여린 손
소나무 등걸처럼
거칠고 두터워졌다

육십여 년 세월
전설로 전해졌던 그의 무용담은
이제 가슴에 훈장으로 남아
세상에 빛을 더한다

노병의 경례에 묘비 주인은
뜨거운 박수를 보낸다

용감했던 전우여 살아줘서 고맙소
이 세상 행복 다 누리고
천천히 우리 곁으로 오시오

그때 찬란했던 얘기 함께 나누며
해와
달과
별같이
온 누리 비춥시다

유월의 장미

울타리 넘실대는
검붉은 장미
하릴없는 나그네 마음
유혹하는 유월

장미 내음 훔치던
스무 살 청년은
포성 소리에 펜을 버리고
무거운 총을 들었다

어머니 곧 돌아올게요
지금은
더 큰 어머니가 위독하대요

기약 없는 전쟁터
총탄에 스러진 전우 시신에
흙 한 줌 뿌리고
솟구치는 슬픔 가슴에 묻었다

칠십 년 세월 흘러
다시 맞이한 유월
초로의 노병은
붉은 장미 한 송이
전우 묘비에 얹는다

그동안 잘 지냈는가
곧 돌아온다던 약속은
어디다 던져두고
이렇게 누워 있는가

자네 혼자 심심치 않게
나도 곧 따라감세
칠흑 같은 전쟁터에서
하루하루 목숨 건진 기쁨으로
함께 누워 흥얼거렸던
고향의 봄 한 자락 불러보세

눈이 시리도록 파란 하늘에
태극기가 펄럭인다
경례하는 노병의 손끝이
파르르 떨린다

어머니 가슴이
검붉은 핏빛으로 물들었던
유월 그날을
부디 잊지 말아주오

3월의 노래

꽁꽁 언 대지가 빗장을 풀면
아지랑이 스멀대는 밭고랑 사이로
어린 새싹 배시시
고개를 내민다

겨우내 움츠렸던 나뭇가지마다
봄 햇살 받아 활짝 기지개 켜면
종다리 노랫소리
들녘을 휘젓는다

3월은 온 겨레 떨쳐 일어서
목청껏 만세 부른 달
가슴을 옥죄는 어둠의 질곡
서릿발 감시와 두려움 떨쳐내며
너도 나도 거리로 나섰다

별도 달도 없는 깜깜한 밤
지금은 아무것도 보이지 않지만
이 어둠 지나가면 동터 오듯이
희망의 노래로 다시 일어서는
3월이다

남산 소나무의 울음

남산 위 저 소나무
자태 좀 보소

하늘로 승천할 듯 곧은 기둥
사철 푸르른 솔잎
철갑 두른 등껍질
오백 년을 이어 왔네

역사의 암흑기
껍질 벗겨져 속살 드러날 제

송진으로 뒤범벅된 깊은 상처
안으로 안으로 곰삭이며
긴 세월 소나무는
아픈 울음 울었다

살아 남으련다
끝내 살아남아 다시 천 년을 살련다
내 몸 쓰일 곳 오직 하나
조국을 떠 바칠 기둥이 되는 것

청명한 가을 하늘
남산 소나무 더욱 푸르다

다시 부르는 천안함이여

산발한 거리의 여인처럼
너는 왜 동그마니
거기에 서 있느냐

서해의 파수꾼답게
큰 눈 부릅뜨고 세찬 파도 가르며
위풍당당하던 모습은 어디로 가고
두 동강 나고 갈갈이 찢겨진 채
거기에 서 있느냐

하얀 캡
싱그러운 미소 머금은
우리의 아들들이
그리도 자랑스러워하던 너였는데
무엇이 너를 참담한 몰골로 만들어
너른 바다로 가지 못하게 했느냐

46 용사들
너의 품 안에서 날마다 기지개를 켜고
이리 풀쩍 저리 잰걸음으로
서해를 지켜왔는데
너는 지금 호국의 신이 되어
바다를 목메어 부르고 있구나

천안함이여
다시 부르는 이름이여

아들 잃은 어머니의 애끓는 모정이
너를 위해 기도한다
이제는 머리 곱게 단장하고
가슴에 못 다한 말 큰 소리로 얘기하렴
그토록 사랑하던
조국을 지키다 죽었노라고

오늘 밤
우리 아들 꿈속에 찾아와
하얀 미소로 너를 맞아
예전처럼 손뼉 치고 발 구르며
바다의 왕자 노래를
목청 높여 부른다

그리고 다짐한다
46 용사들과 서해의 수호신 되어
조국을 지켜내겠노라고

할 수 있다

할 수 있다
할 수 있다
할 수 있다
그리고 마침내 해냈다

검객 의지로 가득 찼던 펜싱장
태극기 게양되고
애국가 울려 퍼지는 순간
어린 영웅의 날카로운 예봉은
리우의 전설로 남았다

아무도 믿지 않았지만
자신만은 굳게 믿었던
할 수 있다는 작은 외침

뜨거운 여름날
소나기보다 시원한
사이다

동주를 마중 나가다

서늘한 바람이 등골을 쓸어내리는
인왕산 자락
물탱크 품었던 회벽을 마주하고
여전히 젊은 동주를 만났다

별을 사랑한 시인은
짧은 생의 한가운데서
혼을 불사르는 시어를 찾아냈다

땅에 발을 디디기에
시절은 가혹했고
시인은 까만 밤하늘을 향해
눈을 열었다

반짝이는 별들이
동주의 가슴에 쏟아져 내렸다

영혼을 갉아먹는
회색 공간과 작별하고
별을 헤던 시인은
별이 되었다

DMZ 노루의 꿈

인기척 하나 없는
너른 초원
낮에는 고고한 재두루미
밤에는 수리부엉이 벗 삼아

말간 눈동자 날렵한 다리
DMZ 철조망 속 아기 노루
세상을 다 가진 듯
뛰논다

초록초록 생명이
키 높이 자랑할 때
DMZ 화염에 휩싸이고
매캐한 연기 화들짝 놀라
한참을 내달리면

총알 관통한 철모
쏘다 남은 M1 소총탄
녹슨 수류탄이 나뒹구는 곳
붉은 팻말 흰 글씨 지뢰
노루는 조심조심
뒷걸음질 친다

남대천 물길 따라
은어와 쏘가리 남북을 오가는데
DMZ 철조망 가로막힌 노루
망향을 꿈꾼다

모스크바 생각 뒤집기

지금이 늦은 아침인가
이른 저녁인가
도무지 분간이 안 되는
시 감각 속에
모스크바의 하늘은
여전히 잿빛이다

열병식 하듯 늘어선 자작나무 숲
차가버섯 뽀드득 속살 채우고
러시아정교회 성당 뾰족지붕 위로
비둘기 푸드덕 날 즈음
성당 안 사람들은 여전히
신을 향해 참배한다

도시의 이름만으로 그려오던
모스크바에 대한 선입견은
한낮 쏟아져 내리는
햇빛 속에 드러난 풍광과
거리 오가는 사람들 표정 속에서
하나둘 사그라져갔다

회색의 시간
회색의 공간
회색의 이념 속 도시 모스크바가

예술과 여인
보드카 향이
총천연색 빛이 되어
강렬하게 각인되었다
모스크바는
사람이 빛이 되는 성소였다

상트페테르부르크를 품다

네바강과 발트해가 만나는 자리
표트르의 꿈과 야망이 낳은 도시
상트페테르부르크

늪지를 돌로 다진 도시는
넵스키대로를 따라
문화와 예술의 향기 넘쳐났다

푸시킨의 삶은 비극이었으나
나그네는 네바강 물결 따라
희망을 읊조리게 만드는 도시
상트페테르부르크

로마 병정처럼 늘어선
카잔 성당 열주는
그리스정교회의 이콘을 보좌하고

알렉산드르 2세 핏자국 위에 세워진
피의 사원은
6월의 신부가 즐겨 찾는
아름다움으로 승화돼 있었다

표트르는
페트로파블롭스크 요새에
굳건히 진을 쳤으나
이삭 성당 비둘기가
살포시 내 머리 위에 내려앉을 즈음

상트페테르부르크가
내 맘속으로
도적처럼 들어왔다

경의선숲길에 서서

바람이 분다
봄의 길목에서
쉽게 길을 내주지 않으려는 듯
잿빛 하늘 배경 삼아
으스스 한기를 뿜어낸다

쑥부쟁이 덩굴과 억새가
부스스한 머리 헝클어 버린 채
겨울도 봄도 아닌
어정쩡한 계절
신의주로 달려가야 할 철마는
경의선숲길 시발점에서
잔뜩 웅크리고 있다

어두컴컴한 지하 공간 속으로
기다란 몸통을 들이민 자리에는
마디마디 끊어진 철로와 목침만이
한양길 넘나들던
경강 상인들의 애환을 곱씹고 있다

햇빛도 바람도 한숨 쉬어가는
경의선숲길에 서면

마포나루 오가던
소금쟁이 아재들의
바지런한 발걸음 소리가 들려온다

새창 고개 넘어
대흥동과 염리동을 지나
신수동을 끼고
와우교와 연남동까지
경의선숲길에는
산수유와 매화가 어우러지고

휴식이 필요한 사람들과
내달릴 공간이 필요한 개들이
공생하고 있다

겨우내 움츠리고 있던
시발역 땡땡이 기차도
활짝 기지개를 켜고
종착역을 향해
달려갈 채비를 하고 있다

군복을 벗으며

이름 석 자가 툭
계급장이 와사삭
마크도 휘리릭 하니
작별을 고한다

아무 장식도 없는 군복을
물끄러미 바라다보니
화장을 지운 내 얼굴이
거기에 있다

가끔은 인생에서도
계급장을 떼고 볼 일이다
희 로 애 락
쥐고 있던 것을 내려놓으니
영혼이 자유로워졌다

별리는 헤어짐이 아니라
새로운 시작이다

만 원의 행복

만 원으로 무얼 할까
오십 평생 일만 해 온 손이
오늘은 한껏 사치를 부렸다
형형색색 차려입고
살포시 내려앉은 손끝마다
날아오를 듯 치켜세운 속눈썹처럼
서로 요염하다 한껏 자랑질

수많은 금기 속
손 치장 하나 제 맘대로 못 하고
무채색으로 지내온 시간
병마 후유증에
이리저리 힘없이 찢겨 나가
손톱 살마저 애린데

세월 따라 굵어진 손가락
거칠어진 피부를 되돌릴 수 없지만
만 원으로 행복하다면
그만한 호사쯤 누려도 되지
이제 손톱에도
자유의 날개를 달아주자

뻐꾸기 시계

시간의 전령사
뻐꾹 한 번 울 때
조국 위해 목숨 바치겠노라
들불처럼 일어섰던
이십대 청춘이 지나갔다

북박이 세월
뻐꾹 두 번 울 때
아이들 쑥쑥 자라지만
봄 소풍
가을 운동회 한 번 못 간 채
삼십대 시절이 지나갔다

날갯짓 버거워
뻐꾹 세 번 울 때
고왔던 아내 얼굴 드리운 삶의 그늘
남편 따라왔던 전방 길목
훈련소 앞 아들 배웅하며
중년의 세월도 지나갔다

삼십 년 세월 흘러
낡은 뻐꾸기시계

더 이상 울지 않아도
초로의 인생 희끗한 머리칼
둥지 떠난 뻐꾸기 그리며
힘차게 태엽 감는다

시간 밥

아침 일곱 시
저절로 눈이 딱 떠졌다
알람은 아홉 시
제 차례를 기다리는데
몸은 삼십 년 시간 밥을 기억한다

커피 한 잔 들고
하릴없이 거실을 이리저리
물 조리개 들고
베란다를 요리조리 서성이며
시간 밥 세월을 되돌아본다

건성건성 들여다보던
바짝 마른 게발선인장에
화사하게 만개한 꽃
자세히 보니 학같이 예쁘다

이제야 알겠다
흘러가는 시간이
허송세월이 아니라는 것을
내 시간만 귀중한 게 아니었음을

꽃 한 송이도
저마다 시간 밥이
필요했음을

노래가 있는 시

잠시 멈춤
마중
한 걸음 또 한 걸음
봄밤

잠시 멈춤

이서인 시
신재창 곡

마중

이서인 시
신재창 곡

168 지금 너를 마중 나간다

한 걸음 또 한 걸음

(원제 : 또 다른 하루)

이서인 시
신재창 곡

해설

'마중'의 현장에서 탐색한 서정적 자아

김송배 (시인. 한국문인협회 자문위원)

1. 사계의 이미지와 자연 풍광의 서정성

현대시의 경향들을 살펴보면 대체로 자연 풍광이나 사소한 일상에서 창출하는 이미지들이 작품으로 형상화하는 경향을 많이 목도(目睹)하게 되는데 여기에 투영하는 그 시인의 정서나 사유(思惟)의 지향점이 안온한 서정성에 관점을 집중하는 작품들을 자주 대하게 된다.

이는 어떤 특수한 목적의식이 가미된 작품을 배제하고 전형적인 우리 시창작의 경향이나 흐름을 보면 우리 인간들의 생명성-생존현장의 애환 또는 존재의 인식-에 관한 정감적인 시법이 통용되는 현상으로 발현되는 경우를 간과(看過)하지 못한다.

여기 이서인 시인이 상재 하는 첫 시집『지금 너를 마중 나간다』를 일별해보면 이와 같은 서정성을 바탕으로 해서 다양한 의식의 흐름을 이해하게 된다.

　그는 우선 작품의 주안점을 '마중'에 설정하고 자연과 사랑하는 인연들, 고향과 가족들 그리고 나라를 위한 상념들이 그의 뇌리에서 이런 현상들에게 '내가 먼저 나가서 기다리는 적극적인 행동의 표시(「시인의 말」 중에서)'라는 시적 진실을 향한 확고한 신념이 근본을 이루고 있다.

　일찍이 영국의 시인 워즈워스는 '시는 힘찬 감정의 발로이며 고요로움 속에서 회상되는 정서에 그 기원을 둔다'라는 명언으로 현대시창작에 대한 조언을 제시하고 있어서 이러한 힘찬 감정과 고요로움의 정서가 바로 우리 시인들을 서정적인 시법으로 흡인시키는 매체 역할을 하고 있는 것이다.

　　비바람 휘몰아친 자리
　　수국 꽃잎
　　비가 되어 내렸다

　　뜨거운 지열로
　　송이송이 탐스럽게 피어올라
　　희망 부풀게 하더니

　　찬바람 맞고 떨어진 꽃잎
　　알알이 튀밥 되었다

　　어지러운 세상 따라
　　내 마음속에도
　　타박타박 꽃비가 내린다
　　　　　　　　　　　　「꽃비」 전문

이서인 시인은 우선 사계(四季)에 대한 '자연 마중'에서 시각적인 이미지의 창출로부터 그의 작품은 출발한다. 이처럼 사계절은 시간성에 따라서 다변적인 정서를 제공한다. 우리 시인들은 변화무쌍한 우리나라 만유(萬有)의 자연에서 흘러넘치는 사유를 발양해서 시를 창작하는 행운을 간직하고 있다.

그는 먼저 봄에 관한 이미지를 '꽃비'에서 찾고 있다. '밤새 내린 봄비에 / 노란 우산 활짝 펼친 영춘화 / 제일 먼저 봄 마중 나섰(「봄 마중」 중에서)'는데 어느듯 '꽃비'로 쏟아지고 있다. 그는 이 '꽃비'가 결론으로 적시한 '어지러운 세상 따라 / 내 마음속에도 타박타박 꽃비가 내린다'는 어조는 어쩐지 봄이 봄처럼 느껴지지 않는(春來不似春) 요즘 세상사에 대한 내면의 일단이 표징되고 있는 것이다.

봄에 관한 시편들이 많지만 그의 시야에 나타나서 생명성 내지는 미적인 호소를 분사하는 꽃들에게 많은 시선을 할애하고 있다. 라일락, 목련, 능소화, 산수유, 개나리, 매화, 벚꽃 등등 이루어 헤아릴 수 없이 많은 꽃들과 정감 어린 대화로 교감하고 있어서 '꽃샘바람이 한 바퀴 / 휘돌고 간 자리엔 / 생채기 난 꽃들이 아픔을 / 추스르고 있다(「꽃샘바람이 불고 있다」 중에서)'는 어조와 같이 꽃은 아름다움을 넘어 아픔으로의 형상화가 있어서 이채롭다.

강아지풀 끝자락
흘깃 스쳐 가는 바람 소리에
발뒤꿈치 꼿꼿 들고
설운 임 기다리는
가을

쑥부쟁이 보라 꽃잎 위
투명하게 맺힌 이슬방울
뜨거웠던 여름 흔적으로
알알이 맺혀 있네

초록의 잎은
가슴 시린 추억의 빛으로
색색이 물들고

갈대밭 강바람 휘휘 돌 때
여름내 달떠있던
그리움도 날려 보낼까

「가을에 부침」 전문

여기는 벌써 가을이다. 그의 사계에는 한 철도 빠짐없이 작품으로 형상화하고 있으나 봄과 가을에 대해서만 언급하기로 한다. 가을은 그리움의 계절이다. 봄이 새 생명의 탄생이라면 여름은 무성하게 왕성한 활기가 넘치는 생동감이 그리고 겨울은 조용하게 명상하면서 훗날의 꿈을 잉태하게 하는 이미지를 갖는다.

이서인 시인의 가을은 '강아지풀 끝자락 / 흘깃 스쳐 가는 바람 소리에 / 발뒤꿈치 꼿꼿 들고 / 설운 님 기다리는 / 가을'이다. 여기에는 '인생 희로애락 순환되듯이 / 자연의 순리도 / 때를 기다리는 것 / 여름내 마음속 뒤끓던 욕망도 / 심연으로 가라앉는다 (「가을이 오면」 중에서)'는 의식의 흐름은 인생 순환의 순리를 수긍하는 계절의 정감을 발현하고 있다.

또한 여름에 대해서는 작품 「폭염」 「폭우」 「열대야」 등이 있고

「태풍의 눈」에서는 '태풍 같은 열병 지나간 자리 / 깊은 상처 흔적 남지만 / 세월의 굳은살 되어 / 내 삶을 지킨다'는 일종의 사회성 짙은 시편들도 감상할 수 있게 한다. 다시 그가 탐색하는 겨울 이미지들은 대체로 다음과 같이 현현되고 잇다.

「겨울 바다를 품다」: 해저의 뜨거움으로 달구어진 / 겨울 바다가 / 시린 내 가슴속으로 / 왈칵 뛰어들었다
「첫눈」: 덮을 것은 덮고 / 지울 것은 지우고 / 세상 시름 모두 잊고 / 함박눈 쌓인 길을 / 걸어가 보자 / 첫눈 첫발자국이니까
「눈 내린 날에」: 눈은 오늘도 / 소리 없이 내리는데 / 내 맘이 세월 따라 / 흔들리고 있구나
「바람 불어 좋은 날」: 세차게 휘몰아치는 겨울바람 / 하얀 눈꽃송이 사방으로 날리면 / 내 영혼도 산산이 흩어진다

2. 소중한 인연과 사랑시학의 원천

이서인 시인이 재생하는 또 하나의 이미지는 소중한 인연에서 심취(心醉)할 수 있는 생성과 소멸에 대한 불망(不忘)의 고뇌가 지금도 그의 뇌리에서 떠나지 않는다는 점이다. 그는 이러한 인연에 대한 미련이 작동하고 있어서 '더 이상 어설픈 인연으로 / 미로를 헤매지 않기를 / 무턱대고 달리다 / 막다른 골목에서 황망히 뒤돌아서 / 후회하지 말기를(「인연 2」중에서)' 이라는 어조로 강렬하게 다짐하고 있는 것이다.

이처럼 그의 인연은 바로 사랑이라는 인생행로의 정점에서 애증(愛憎)의 심리적인 현상을 직접 체험하면서 아파하거나 슬퍼하고 있다.

이렇게 인연에는 사랑할 수 있는 대상이 숭엄한 표상으로 우뚝 서 있어야 한다. 그러나 그 대상이 사라져서 영원히 해후(邂逅)할 수 없는 사랑은 더욱 가슴 아프게 하고 있다.

이별이 어찌 그리 쉬운 일이더냐
이리 말해도 저리 둘러대도
결국은 상처로 남는
아픈 헤어짐인 것을

미련과 그리움
다시 떠오르지 않게
그대라는 인연 하나
커다란 돌멩이에 묶어
호수 속으로 던져 버렸다

사랑하니 헤어진다는
뻔한 이야기는 하지 않으리
세상 이목 맞설 용기가 없을 뿐

인연의 겁 너무 두터워
오늘도 하악하악
가쁜 숨 뱉어 낸다

「인연」 전문

이서인 시인은 이렇게 '이별'이라는 '인연의 겁'을 '미련과 그리움 / 다시 떠오르지 않게 / 그대라는 인연 하나 / 커다란 돌멩이에 묶어 / 호수 속으로 던져 버렸다', 인연의 비애를 '아픈 헤어짐'

으로 정리하고 있다.

  그래서 그는 '불덩이 하나 / 가슴 속에서 솟구칠 때마다 / 두 눈을 꾸욱 감아 본다(「사랑한다는 것」 중에서)'거나 '그대를 둘러싼 마지막 인연마저 / 홀홀히 이생 떠났다는 소식을 들었건만 / 어찌할 수도 없어서 / 그리움 가득 안은 채로 / 오도카니 서 있었습니다(「변명」 중에서)'는 이별의 상처를 치유하기 위한 그의 인내가 시적으로 승화하고 있는 것이다.

  일찍이 독일의 시인 헤르만 헷세는 '사랑이란 우리를 행복하게 하기 위해서 있는 것은 아니다. 사랑은 우리들이 고뇌와 인종(忍從) 속에서 얼마만큼 강할 수 있는가를 자기에게 보이기 위해서 있는 것'이라고 했다. 이는 사랑과 행복과 이별과의 고뇌가 상호 대칭을 이루면서 인간의 성숙을 예감하는 과정이라는 교훈적인 메시지일 것이다.

  차라리 깊은 병이라면
  나았을 것이라 생각하지요
  포기를 하거나
  마지막 희망을 걸어보거나

  새록새록 아픔만 돋아나는
  아물지 않는 상처
  핏빛 아픔이 사그라질 때까지
  가슴을 부여안고 참아야 합니다

  사랑으로
  하냥 초라해지는데도

불쑥 이별 해놓고
다시 돌아보지 않을 자신이 없어서
헤집어진 상처를 싸맬 수가 없어서

몇 번이나 굳은 결심을 하건만
끝내 이별을 못 하는 것은
상처보다 깊은 사랑
그것 때문인가 봅니다

그대에게 다가가지도 못한 채
내 존재가 아직은
그대에게 남아있으리라 위로하며
가없는 또 하루를 살아갑니다

「상처보다 깊은 사랑」 전문

이서인 시인의 사랑시학은 지속된다. 사랑과 상처의 대칭적인 상태의 심정은 어떠했을까. 그는 '차라리 병이라면'하고 자책하면서 '상처보다 깊은 사랑'과 '아물지 않는 상처'는 '불쑥 이별 해놓고 / 다시 돌아보지 않을 자신이 없어서 / 헤집어진 상처를 싸맬 수가 없어서 / 그대에게 다가가지도 못한 채' 사랑을 반추(反芻)하고 있는 것이다.

이러한 시적 상황은 그가 '해후'라는 해법으로 '긴 세월의 강과 / 그보다 긴 인연의 산을 넘'는 '고행'이 '너무도 짧았던 해후'로 '망각의 늪'을 건너면서 '그대를 눈에 담아두지도 못하고 / 여운마저 사라질까 조바심치며 / 여러 날을 / 또 가슴앓이로 보냈습니다(이상 「해후」 중에서)'는 애절한 심경을 토로(吐露)하고 있어서 공감이 짙게 흐르고 있다.

이 밖에도 작품 「사랑이라 부른다」 「아프다 아프다」 「별을 낚는 사람」 「천국과 연옥」 「때가 되면」 등등에서 그의 사랑시학은 애틋한 메시지로 우리의 심중을 매료(魅了)시키고 있는 것이다.

3. 향수와 모정(母情)의 정감적 이미지

이서인 시인의 고향은 춘천이다. 경춘선 열차를 타고 다닌 추억과 함께 살았던 가족(특히 어머니)에 대한 향수가 그의 뇌리에서 이미지로 재생되고 있다. 그는 '봄내골'에서 지천으로 널린 고향의 자연 풍경과 동심이 동행하는 이미지가 정감적으로 발현되는 안온한 시법을 대하게 된다.

천성적으로 자연 친화와 동시에 가족들과의 교감이 그의 내면에서 심오하게 잠재해 있다. 그는 시적인 대상에서 문득 고향과 어머니를 소재의 중심축에 두고 다양한 사유의 지향점을 발견하게 되어 작품으로 형상화하는 계기를 탐색하게 된다.

봄바람 살랑 불어오면
마을 담장 구비구비
노랗게 노랗게 물드는 곳

봉의산 자락 종다리
봄봄 노래 부르면
메마른 줄기마다 피어나는
개나리꽃

공지천 반짝이는 햇살 따라
노란 코트 자락 휘날리며
개나리 꽃잎이
두둥실 흘러간다

춘천에 봄이 오면
소양강 굽이치는 물결 따라
내 마음도
노랗게 노랗게 물들었다
「개나리꽃 피는 마을」 전문

이서인 시인의 향수는 '개나리 피는 마을'에서부터 출발한다. 여기에는 '봉의산 자락 종다리'와 '공지천 반짝이는 햇살'이 있고 춘천의 봄은 '소양강 굽이치는 물결 따라 / 개나리 꽃잎도 / 두둥실 흘러'가는 서정과 낭만이 충만된 아늑한 향수가 그의 작품 속을 화려하게 수놓고 있다.

그는 '개나리 꽃잎'이 '노랗게 노랗게 물들면' 시인의 마음도 노랗게 물드는 고즈넉한 산촌 정경이 한 폭의 산수화를 연상시키고 있는 듯하다. 그는 '희끗한 머리로 돌아와 앉은 자리 / 산자락이 병풍처럼 둘렀던 얼음판 위 / 높은 빌딩만이 긴 그림자 드리워도 / 알록달록 새겨진 마음속 풍경을 / 경춘선 열차에 가득 싣고 / 봄내 골 겨울이 지나간다(「봄내 골 겨울 이야기」 중에서)' 는 고향의 정겹고 향긋한 이미지를 만끽(滿喫)하게 한다.

엄마 하고 부르니
눈물이 후드득

또 엄마 하고 부르니
가슴이 후다닥

이승에서의 인연을
선뜻 베어내고
홀연히 천상으로 가신 엄마는

눈 뜨면 보이지 않고
눈 감으면 연기처럼
맘속으로 스며든다

엄마 하고 다시 부르니
코끝을 스치는 박하분 내음

미소 가득한 엄마 얼굴이
거기에 있다

「소천」 전문

  고향과의 인연을 떠올리게 되면 사모곡(思母曲)을 배제할 수 없다. 우리의 시인 김남조 선생은 '어머니! 이렇게 부르면 지체 없이 격렬한 전류가 온다. 아픈 전기이다. 아프고 뜨겁고 견딜 수 없는 전기이다.'라고 모정에 대한 감회를 들려준 바 있다. 그런데 여기 이서인 시인의 모정은 '소천'한 어머니에 대한 애모(哀慕)의 정이 사무치고 있어서 애닯기만 하다.
  그는 지금도 '이승에서의 인연을 / 선뜻 베어내고 / 홀연히 천상으로 가신 엄마는 / 눈 뜨면 보이지 않고 / 눈 감으면 연기 처럼 / 맘 속으로 스며'드는 정황(情況-situation)은 이승에서의 인연이 다하는 크나큰 별리(別離)의 현장이다. 그의 애상(哀傷)은 필설(筆舌)로 형언(形言)키 어려운 심정의 일단을 정리하고 있는 것이다.

다시 그는 '나이 한 살 먹어 갈수록 / 계절 한 바퀴 순회할수록 / 마음속 파고드는 / 엄마 생각(「엄마 생각」 중에서)' 또는 '사진 속 어머니 / 하얀 나비 타고 / 천국으로 가셨어도 / 가족 위한 가없는 사랑 / 이승으로 / 강물처럼 흐른다(「가족사진」 중에서)'는 등의 어조와 같이 애감(哀感)을 멈추지 못하는 심저(心底)를 이해하게 한다.

이 밖에도 작품 「엄마 손맛」 「울 엄마와 밥 먹고 싶다」 「빈자리」 등에서 사모곡은 절정에 달하고 있으며 그 밖에도 그는 「가문 잇기」 「희로애락」 「아들의 방」 등등에서 모정과 더불어 향수가 상호 시상(詩想-poetical sentiment)의 융합(融合)으로 이서인 시인의 시적 진실을 탐색하게 된다.

4. 군연(軍緣)과 애국시의 현장에서

이서인 시인은 남다르게 자랑스러운 여군 장교 출신이다. 30여 년간을 군인으로서 생활하면서 습성화한 애국적인 사유와 행동은 군연(軍緣)이라는 특수성에서 조감할 때 그의 실생활(real life)에서 체득한 다양한 정서들이 시로 형상화하는 특성을 이해하게 한다. 그가 육군 소위로 임관(여자정훈장교 1기)하여 중령으로 전역할 때까지의 애환 전체가 생성한 이미지가 바로 애국의 시혼(詩魂)이 넘치고 있다는 점을 묵과하지 못할 것이다.

우리의 시작법에는 그 시인의 체험을 가장 중시한다. 이는 그

체험이 바로 상상력을 통해서 이미지가 생성하고 거기에 자신의 인생관과 가치관을 투영하는 시적 진실이 그 작품의 주제로 정립하는 것이다. 우리들 인생이 살아오면서 겪었거나 느낌들을 여과(濾過)한 체험들이 작품의 발상이나 동기가 되는 것은 물론이지만 언어로 묘사된 시인의 정감들이 바로 그 시인이 진실이 되는 점을 유념하게 된다.

  고추잠자리 비행하는
  청아한 가을 하늘
  켜켜이 쌓인
  오색 낙엽을 밟으며
  턱끈 질끈 조이고 고지 향해
  행군을 한다

  하늘과 산과 들판
  사방 모두가 하얀 겨울
  무거운 군장 위에 쌓이는
  함박눈을 맞으며
  사랑하는 이 가슴에 품고
  행군을 한다
「행군」 중에서

이서인 시인은 이와 같은 병영생활을 통한 체험이 그에게 다양한 정감으로 작품에 투사(投射)되고 있는데 당시의 실재(實在) 여건이나 상황들이 그의 감응(感應)에서 적절하게 나타나고 있다. 그는 무거운 군장을 메고 고지를 향해서 행군하는 용감하고 열정에 넘치는 현역의 체험에서 그는 '저 멀리 목표가 보이는 순간 /마음은 / 정복자처럼 벅차오르고 / 군장의 무게는 / 깃털처럼 가벼워졌다'는 결론으로 성취감에서 음미하는 인내의 희열(喜悅)에서 굳건한 군인의 기개를 통해 자신을 발견하고 있다.

 또한 작품「비상(非常)」중에서도 '비상 명령에 / 전투복을 차려 입고 / 전투화 끈을 조이는 순간 / 출동의 긴박감은 / 혈관을 타고 솟구친다 / 서늘한 새벽 / 청춘들이 연병장에 늘어섰다 / 한 치도 흐트러짐 없는 열 속에서 / 호흡도 열을 서듯 / 흐트러짐이 없다'는 투철한 군인정신과 '평범했던 청춘들'의 자아(自我)가 적나라하게 적시되고 있어서 군 생활 경험을 소유한 사람들뿐만 아니라 우리 모두에게 공감의 영역을 제공하고 있다.

 반듯하게 모자 쓰고
 광나는 군화 신고
 거울을 보면
 형형한 눈빛 지닌
 멋진 사내 하나 서 있다

 내 마지막 군복은 수의
 어디서 주검이 되어도
 부끄럽지 않게
 깨끗한 속옷 갈아입고

 전쟁터에서 나를 기억해 줄
 군번줄 목에 걸고
 오늘이 마지막인 것처럼
 비장하게 길을 나선다
 「군복을 입으며」중에서

우리들이 시를 창작할 때 두 부류의 체험을 말한다. 직접체험과 간접체험이다. 직접체험을 이서인의 군연처럼 실제상황에서 영감(靈感)을 얻어서 그 체험을 재생하는 경우와 직접 경험할 수 없는 상황들-과거의 역사들과 미지의 세계 등등-을 선지자나 선각자가 저술한 책에서 독서를 통해서 그 지식을 흡수하는 경우를 중요하게 수용한다.

이서인 시인의 경우 반듯한 군모와 광나는 군화, 처음 입은 훈련복 그리고 군번줄과 '오늘이 마지막인 것처럼 / 비장하게 길을 나'서면서 그의 상상은 '전장터에서 나를 기억해 줄' 것만 같은 자아 인식의 당당한 포부가 명징(明澄)하게 발현되고 있다.

그는 이제 자랑스러운 장교의 영예를 벗어나서 부이사관이라는 새로운 세계에 진입하고 '가끔은 인생에서도 / 계급장을 떼고 볼 일이다 / 희 로 애 락 / 쥐고 있던 것을 내려놓으니 / 영혼이 자유로워졌다 / 별리는 헤어짐이 아니라 / 새로운 시작이다(「군복을 벗으며」중에서)'라는 또 다른 인생체험으로 출발하고 있다.

우리 시인들은 언제나 새롭고 지향적인 체험을 구가(謳歌)한다. 이는 삶에서 획득해야 할 덕목이 무엇인가, 혹은 진정한 인생의 지표는 무엇인가 하는 등의 진실을 탐구하기 위해서이다. 우리 인간들의 칠정(七情-喜怒哀樂愛惡慾)에서 나의 삶(혹은 인생)은 어떠한 정감에서 어떻게 조응(調應)하면서 살아왔는가, 또는 앞으로 어떤 방식으로 인본주의(humanism)를 구현하여 진솔한 미래를 창조할 것인가 하는 등의 자아 성찰의 진실도 작품 속에서 진실된 메시지를 창출할 수 있기 때문이다.

이서인 시인은 이 밖에도 그의 투철한 애국정신이 투영된 작품들을 많이 접할 수가 있는데 「옛날옛날 고릿적에」 「삼월이다」「현충원에서」「DMZ 노루의 꿈」「다시 부르는 천안함이여」
「노병의 경례」「유월의 장미」「남산 소나무의 울음」「동주를 마중 나가다」 등등 이루어 헤아릴 수 없는 체험의 시편들로 하여금 그의 숙련(熟練)된 정신적 시세계를 이해하게 한다.

5. 나가면서-서정적 자아의 탐색

이제 이서인 시집 『지금 너를 마중 나간다』 읽기를 마무리한다. 그가 천착(穿鑿)한 '마중'이라는 화두(話頭)는 「시인의 말」에서 이미 언급했듯이 너를 맞이하기 위한 기다림의 행동이라는 시적인 상황설정으로부터 시작(詩作) 동기를 밝힌 바와 같이 그는 대사물(對事物)에 대한 여건이나 환경에 적극적으로 대시하는 저력은 아마도 그의 강인한 정신에서 착안된 숭고한 인격의 소산이라고 여겨진다.

이서인 시인은 참다운 서정시인이다. 그는 자연을 마중하고 인연에서 사랑을 흡인하고 고향과 가족(특히 어머니) 그리고 나라를 위해서 손수 마중나가서 그 환경과 적응하는 자아를 동시에 인식하고 성찰하는 서정성을 그의 시적 원류에 내면의식으로 간직하고 있다.

일찍이 영국의 비평가 리처즈는 '우리의 일상생활의 정서와 시적 소재 사이에는 차이가 없다. 이러한 생활의 언어적 표현은 시의 기교를 사용하는 것의 차이'라고 했다. 그래서 이서인 시인의 일상적인 정서가 시적 소재나 주제로 상당한 의미의 메시지를 포괄하는 시법을 다양하게 수용하는 특성을 이해하게 한다.

무시로 마시는 공기와
불편함 없는 숨결로
손 내밀면 닿는 곳에
언제나 그대가 있는 줄 알았다

텅 빈 대화로 느껴지는
시간과 공간의 부재 속에서
그대 향한 그리움이
강물로 흐르는 밤

가슴 쓸어내리며
켜켜이 쌓인
세월의
딱정이 삭인다

「그리움」 전문

 이처럼 그에게 내재한 사유의 근원은 바로 우리 인간들에게 직면한 휴머니즘의 실현을 위한 내면의식의 발현으로 작품을 창작하고 있어서 공감을 갖게 하고 있다. 프랑스의 시인 볼테르도 '시는 영혼의 음악'이라고 하지 않던가.
 시는 감정의 해방도 아니요, 인격의 표현도 아니다.
 이렇게 진정한 '그대 향한 그리움'의 서정은 안온하게 '강물로 흐르는 밤'과 같은 정서로 화해하면서 공기와 시간과 공간 그리고 세월과 동행하면서 서정적인 자아를 탐구하고 있는 것이다.

 이서인 시인은 다수의 작품에서 '굵어져 가는 밤비 소리 / 임 발자국 묻힐까 / 애만 태우는데 / 활짝 열어젖힌 창문 밖 / 거친 바람 손님만 / 휘이휘이 손사래를 흔든다(「밤비」 중에서)'거나 '비자림 깊숙한 터 / 그리움 얽혀 있는 연리지 / 우산 받쳐줄 이 기다리며 / 사랑을 목 놓아 부른다(「비자림을 걸으며」 중에서)'

그리고 '해님은 종일 달떴던 얼굴을 / 바다물에 식히며 / 가만가만 하루를 돌아본다(「낙조」 중에서)' '갈대가 몸을 눕히는 것은 / 바람이 두려워서가 아니라 / 그저 지나가도록 통로를 만들어 / 다시 올 봄을 기다리는 것이다(「바람 불어 좋은 날」 중에서)'는 등등의 서정적 시혼이 가득 충만된 작품들을 읽을 수가 있다.

그러나 '시는 아름답기만 해서는 모자란다. 사람의 마음을 뒤흔들 필요가 있고 듣는 이의 영혼을 이끌어 나가야 한다'는 고대 로마의 대시인 호라티우스의 시론(詩論)도 경청해야 좋은 시를 창작하는 영원한 시인으로 우뚝 설 수 있을 것이다.

시집 출간을 진심으로 축하한다.

지금 너를 마중 나간다

초판 1쇄 발행 2021년 5월 6일

지은이 이서인
펴낸곳 도서출판 품
기획 김용만
편집 & 디자인 김선희

출판등록 2016년 12월 26일 제25100-2016-000077호
주소 서울특별시 동작구 동작대로1길 19, 2층
전화 02-3474-3582
팩스 02-3474-3580
도서출판 품 전자우편 poommaul@naver.com

ISBN 979-11-973810-2-7

* 이 책의 판권은 지은이와 도서출판 품에 있습니다.
* 책값은 뒤표지에 있습니다.
* 잘못된 책은 구입하신 서점에서 교환해 드립니다.
* 도서출판 품은 품건축(주)의 임프린트 브랜드입니다.